Bibliografische Information der Deutschen Nationalbibliothek:
Die Deutsche Nationalbibliothek verzeichnet diese Publikation
in der Deutschen Nationalbibliografie; detaillierte bibliografische
Daten sind im Internet über dnb.dnb.de abrufbar.

© 2023, Jürgen Kraaz

Herstellung und Verlag: BoD – Books on Demand, Norderstedt
ISBN: 9783752812534

Jürgen Kraaz

DIE SECHS SINNE

DER BLUMEN

Inhaltsverzeichnis

Unser Verständnis von Leben und Intelligenz

Die Forschung über die Sinne von Blumen hat auch Auswirkungen auf unser Verständnis von Leben und Intelligenz.

Traditionell wurden Blumen als passive Organismen angesehen, die auf ihre Umgebung reagieren, aber keine eigentliche Intelligenz besitzen. Die Forschung über die Sinne von Blumen hat jedoch gezeigt, dass Blumen auf komplexe Weise mit ihrer Umwelt interagieren können. Blumen können nicht nur Licht, Temperatur und Feuchtigkeit wahrnehmen, sondern auch chemische Signale von anderen Blumen und sogar von Tieren erkennen und darauf reagieren.

Diese Erkenntnisse haben dazu geführt, dass viele Wissenschaftler und Philosophen das Konzept der Intelligenz erweitert haben, um auch das Verhalten und die Fähigkeiten von Blumen zu berücksichtigen. Einige Forscher sprechen sogar von "Blumenintelligenz", um die Fähigkeit von Blumen zu beschreiben, auf ihre Umgebung zu reagieren und sich anzupassen.

Darüber hinaus hat die Forschung über die Sinne von Blumen unser Verständnis von Leben erweitert. Blumen sind in der Lage, Energie aus Licht und anorganischen Stoffen zu gewinnen und sie in organische Substanzen umzuwandeln. Sie sind in der Lage, sich zu reproduzieren und sich an verschiedene Umgebungen anzupassen. Diese Fähigkeiten sind ein wichtiger Teil dessen, was wir als Leben betrachten.

Insgesamt hat die Forschung über die Sinne von Blumen unser Verständnis von Leben und Intelligenz erweitert und uns gezeigt, dass auch Blumen auf komplexe Weise mit ihrer Umwelt interagieren können.

Leben Blumen?

Obwohl Blumen nicht über ein Bewusstsein oder ein Nervensystem wie Tiere oder Menschen verfügen, gibt es Wissenschaftler und Philosophen, die argumentieren, dass Blumen in gewisser Weise als lebende Organismen betrachtet werden können.

Blumen reagieren auf ihre Umgebung und auf Reize, indem sie ihr Wachstum, ihre Physiologie und ihr Verhalten anpassen. Sie sind in der Lage, Licht, Schwerkraft, Berührung und chemische Signale wahrzunehmen und darauf zu reagieren. Zum Beispiel richten sich Blumen in Richtung des Lichts aus, um die Photosynthese zu maximieren, und passen ihre Wurzeln an, um Nährstoffe aufzunehmen.

Blumen sind auch in der Lage, miteinander zu kommunizieren und sich gegenseitig zu warnen. Einige Blumen geben chemische Signale ab, um andere Blumen zu warnen, wenn sie von Schädlingen oder Krankheiten befallen sind. Andere Blumen können auf diese Signale reagieren, indem sie ihre Abwehrmechanismen aktivieren, um sich selbst zu schützen.

Einige Forscher argumentieren, dass Blumen auch eine Art "Gefühl" haben könnten. Zum Beispiel haben Studien gezeigt, dass Blumen auf Schmerzreize reagieren können, indem sie chemische Signale abgeben, um andere Teile der Blume zu warnen und sich vor weiteren Schäden zu schützen. Diese Reaktionen ähneln in gewisser Weise den Schmerzreaktionen von Tieren.

Allerdings ist die Frage, ob Blumen als "lebendig" betrachtet werden können, eine kontroverse und komplexe Angelegenheit. Es hängt davon ab, wie man das Konzept des Lebens definiert und interpretiert. Einige Menschen argumentieren, dass Blumen aufgrund ihrer fehlenden Nervensysteme und Bewusstsein nicht als lebendig betrachtet werden können, während andere argumentieren, dass sie aufgrund ihrer Fähigkeit zu wachsen, sich zu reproduzieren und zu reagieren, als lebende Organismen betrachtet werden sollten.

Was ist Leben überhaupt?

Das Konzept des Lebens ist ein komplexes und kontroverses Thema in Wissenschaft, Philosophie und Religion. Es gibt keine einheitliche Definition, die von allen akzeptiert wird. Es gibt jedoch einige gemeinsame Merkmale, die mit dem Konzept des Lebens verbunden sind.

Zum Beispiel bezieht sich das Konzept des Lebens in der Regel auf Organismen, die in der Lage sind, zu wachsen, sich zu reproduzieren, Stoffwechselprozesse durchzuführen, auf ihre Umgebung zu reagieren und sich anzupassen, um zu überleben. Diese Merkmale können auf verschiedenen Ebenen des biologischen Organisationsniveaus beobachtet werden, einschließlich Zellen, Organismen, Populationen und Ökosystemen.

Es gibt jedoch auch einige Schwierigkeiten bei der Definition des Konzepts des Lebens. Zum Beispiel gibt es einige Organismen, die als "lebendig" betrachtet werden können, obwohl sie einige der oben genannten Merkmale nicht aufweisen. Ein Beispiel hierfür sind Viren, die sich nicht selbst replizieren können und auf eine Wirtszelle angewiesen sind, um sich zu vermehren.

Ein weiteres Problem ist, dass es auch schwierig sein kann, zwischen lebenden und nicht lebenden Systemen zu unterscheiden. Ein Beispiel hierfür sind Prionen, die keine Zellen haben und als infektiöse Proteine klassifiziert werden, die Krankheiten verursachen können.

Insgesamt ist das Konzept des Lebens ein komplexes Thema, das von Wissenschaftlern, Philosophen und Theologen auf verschiedene Weise interpretiert wird. Es gibt jedoch einige grundlegende Merkmale, die mit dem Konzept des Lebens verbunden sind, und diese Merkmale können verwendet werden, um Organismen zu klassifizieren und zu verstehen, wie sie funktionieren und sich anpassen.

Sind Blumen intelligent?

Es gibt einige Studien, die darauf hindeuten, dass Blumen eine Art von Intelligenz haben können, aber es gibt auch viel Diskussion darüber, was Intelligenz genau bedeutet und wie sie gemessen werden kann.

Einige der Argumente für die Intelligenz von Blumen beinhalten ihre Fähigkeit, sich an ihre Umgebung anzupassen und darauf zu reagieren, ihre Fähigkeit zur Kommunikation und ihre Fähigkeit, zu lernen und sich zu erinnern. Blumen können beispielsweise chemische Signale aussenden, um auf Schädlingsbefall oder andere Stressfaktoren zu reagieren, und sie können ihre Wurzeln auf Nährstoffquellen hinwachsen lassen.

Es gibt auch einige Studien, die darauf hinweisen, dass Blumen in der Lage sind, zu lernen und sich an vergangene Erfahrungen zu erinnern. Zum Beispiel können Blumen, die einer bestimmten Bedrohung ausgesetzt waren, wie beispielsweise einem Fraßfeind, eine Abwehrreaktion entwickeln, die sie in zukünftigen Situationen wiederholen werden.

Es gibt jedoch auch Kritik an der Idee, dass Blumen eine Art von Intelligenz haben. Einige argumentieren, dass die Art und Weise, wie Blumen auf ihre Umgebung reagieren, eher eine Reflexreaktion als eine bewusste Entscheidung ist. Andere argumentieren, dass Intelligenz ein Konzept ist, das sich auf das Vorhandensein von Bewusstsein und Denkfähigkeit bezieht, und dass es nicht angemessen ist, dieses Konzept auf Blumen anzuwenden.

Insgesamt ist das Thema der Intelligenz von Blumen ein komplexes und umstrittenes Thema, und es wird weiterhin viel Forschung und Diskussion darüber geben, wie wir Intelligenz definieren und ob Blumen in der Lage sind, sie auf eine bestimmte Art und Weise zu besitzen.

Was ist Intelligenz überhaupt?

Intelligenz ist ein komplexes Konzept, das sich auf die Fähigkeit eines Individuums bezieht, Probleme zu lösen, Informationen zu verarbeiten, zu lernen und Wissen anzuwenden, um sich an neue Situationen anzupassen und effektiv zu handeln.

Es gibt verschiedene Theorien über Intelligenz, die sich auf unterschiedliche Aspekte der menschlichen Fähigkeiten konzentrieren. Eine der bekanntesten Theorien stammt von dem Psychologen Charles Spearman, der argumentierte, dass Intelligenz eine allgemeine Fähigkeit ist, die in verschiedenen Bereichen wie Sprachverständnis, räumliches Denken, mathematische Fähigkeiten und so weiter zum Ausdruck kommt.

Eine andere Theorie ist die "Multiple Intelligenzen" von Howard Gardner, die argumentiert, dass es verschiedene Arten von Intelligenz gibt, die jeweils auf unterschiedlichen Bereichen wie Musik, Körperbewusstsein, logisches Denken, Sprache und so weiter beruhen.

Haben Blumen Bewusstsein?

Es gibt keine eindeutige wissenschaftliche Beweise dafür, dass Blumen über ein Bewusstsein verfügen. Das Konzept des Bewusstseins bezieht sich auf die Fähigkeit, eine subjektive Wahrnehmung der eigenen Umgebung und des eigenen Selbst zu haben.

Es gibt Hinweise darauf, dass einige Tiere wie Säugetiere, Vögel und sogar manche Fische und Insekten ein Bewusstsein haben können, aber die Frage, ob Blumen auch ein Bewusstsein haben, ist ein umstrittenes Thema.

Einige Wissenschaftler und Philosophen argumentieren, dass Blumen über ein rudimentäres Bewusstsein verfügen können, da sie auf ihre Umwelt reagieren und auf bestimmte Stimuli, wie Licht und Geräusche, reagieren können. Sie können auch unterschiedliche Verhaltensweisen zeigen, um Ressourcen wie Wasser und Nährstoffe zu erhalten. Diese Reaktionen können jedoch auch als automatische oder reflexartige Prozesse interpretiert werden, die nicht unbedingt ein Bewusstsein erfordern.

Andere Wissenschaftler argumentieren, dass Bewusstsein eine Funktion des Gehirns und des Nervensystems ist, und da Blumen kein Nervensystem besitzen, können sie kein Bewusstsein haben. Es gibt auch keine Hinweise darauf, dass Blumen Schmerzen empfinden können oder eine Vorstellung von ihrem eigenen Selbst haben.

Insgesamt ist das Thema des Bewusstseins von Blumen ein kontroverses Thema, und es wird weiterhin viel Forschung und Debatte darüber geben, ob Blumen über ein Bewusstsein verfügen oder nicht.

Was ist Bewusstsein überhaupt?

Bewusstsein ist ein sehr vielseitiges und komplexes Konzept, das oft auf verschiedene Arten definiert und interpretiert wird. Im Allgemeinen bezieht es sich auf die Fähigkeit eines Individuums, eine subjektive Wahrnehmung seiner Umgebung und seines Selbst zu haben. Das bedeutet, dass das Individuum in der Lage ist, Erfahrungen zu machen und zu verstehen, dass es diese Erfahrungen macht.

Bewusstsein umfasst verschiedene Aspekte, darunter die Wahrnehmung von Sinnesreizen, die Aufmerksamkeit, die Entscheidungsfindung, die Gedächtnisbildung, die Sprache und das Selbstbewusstsein. Es gibt auch unterschiedliche Grade und Formen des Bewusstseins, von einfachen Empfindungen bis hin zu komplexen kognitiven Prozessen.

Es gibt keine einheitliche Theorie darüber, wie Bewusstsein entsteht oder wie es funktioniert, aber es wird angenommen, dass es mit der Aktivität des Gehirns und des Nervensystems zusammenhängt. Es gibt jedoch auch einige kontroverse Diskussionen darüber, ob Bewusstsein auch bei nicht-organischen Systemen oder sogar bei Tieren ohne Gehirn vorhanden sein kann.

Insgesamt ist das Thema des Bewusstseins ein komplexes und umstrittenes Thema, das weiterhin Gegenstand von Forschung und Debatte bleibt.

Warum es so so wichtig ist, Blumen zu verstehen

Blumen können uns helfen, das komplexe Zusammenspiel von Blumen und ihrer Umgebung besser zu verstehen. Blumen nehmen ihre Umgebung auf verschiedene Weise wahr und reagieren darauf, um ihr Überleben und Wachstum zu fördern.

Wenn wir die Sinne von Blumen verstehen, können wir auch ihre Bedürfnisse besser erkennen und darauf reagieren. Zum Beispiel kann das Verständnis, wie Blumen auf verschiedene Lichtverhältnisse reagieren, dazu beitragen, bessere Anbautechniken zu entwickeln. Das Wissen darüber, welche Bodentypen und Nährstoffe Blumen bevorzugen, kann ebenfalls dazu beitragen, dass sie optimal wachsen und gedeihen.

Darüber hinaus kann das Verständnis der Sinne von Blumen dazu beitragen, neue Anwendungen und Innovationen zu entwickeln. Zum Beispiel können wir durch das Studium der Chemorezeption von Blumen, also ihrer Fähigkeit, chemische Verbindungen wahrzunehmen, neue Wege finden, um Blumen vor Schädlingen zu schützen oder die Wirkstoffe von Blumen für medizinische Zwecke zu nutzen.

Die Kenntnis der Sinne von Blumen kann auch dazu beitragen, unsere Beziehung zu Blumen und der natürlichen Welt zu verbessern. Wenn wir verstehen, wie Blumen ihre Umgebung wahrnehmen und auf sie reagieren, können wir uns auch bewusster darüber werden, wie wir als Menschheit die Umwelt beeinflussen und wie wir Blumen und ihre Umgebung schützen und erhalten können.

Insgesamt kann das Verständnis der Sinne von Blumen dazu beitragen, dass wir als Menschheit besser mit der Natur und ihren Ressourcen umgehen und somit eine nachhaltigere und lebenswertere Zukunft schaffen.

Die Bedeutung von Blumen für die Erde und das Leben

Blumen sind von unschätzbarem Wert für die Erde und das menschliche Leben aus verschiedenen Gründen:

1. Sauerstoffproduktion: Blumen und Blumen sind eine Quelle für die Produktion von Sauerstoff in der Atmosphäre. Durch Photosynthese absorbieren sie Kohlendioxid und geben Sauerstoff ab, was für das Überleben aller Lebewesen auf der Erde unerlässlich ist.

2. Nahrungsmittelversorgung: Blumen und Blumen sind die Grundlage für die Ernährung vieler Lebewesen.

3. Medizinische Anwendung: Viele Blumen haben medizinische Anwendungen und sind Quellen für Heilmittel und Medikamente.

4. Bodenerhaltung: Blumen und Blumen spielen eine wichtige Rolle bei der Bodenerhaltung und

-verbesserung, indem sie den Boden vor Erosion und Verlust von Nährstoffen schützen. Sie können auch dazu beitragen, Bodenverdichtung zu reduzieren und die Bodenstruktur zu verbessern.

5. Klimaregulierung: Blumen und Blumen können dazu beitragen, das Klima zu regulieren, indem sie Kohlendioxid aus der Atmosphäre absorbieren und in organische Masse umwandeln. Sie tragen auch zur Verringerung der Luftverschmutzung bei, indem sie Schadstoffe aus der Luft aufnehmen und filtern.

Insgesamt spielen Blumen eine entscheidende Rolle für das Wohlbefinden der Menschheit.

Die sechs Sinne der Blumen

Zusammenfassend lässt sich sagen, dass Blumen über eine erstaunliche Fähigkeit verfügen, ihre Umgebung wahrzunehmen und darauf zu reagieren.

Die verschiedenen Sinne der Blumen helfen ihnen, ihre Überlebenschancen zu erhöhen und sich an eine sich verändernde Umgebung anzupassen. Durch ein besseres Verständnis der Sinne der Blumen können wir auch lernen, wie wir unsere Umwelt nachhaltiger gestalten und die Rolle der Blumen im Ökosystem besser verstehen können.

Die Sinne der Blumen im Überblick

Blumen haben im Vergleich zu Tieren eine begrenztere Anzahl von Sinnen. Dennoch verfügen sie über verschiedene Sinne, die ihnen helfen, auf ihre Umgebung zu reagieren und zu überleben. Hier sind einige der wichtigsten Sinne von Blumen:

1. Lichtsinn: Blumen können Licht wahrnehmen und darauf reagieren, indem sie ihre Blätter zum Licht hin ausrichten und ihr Wachstum beeinflussen. Dieser Sinn wird durch spezielle Pigmente, wie Chlorophyll, ermöglicht.

2. Berührungssinn: Blumen können Berührungen und Bewegungen wahrnehmen. Zum Beispiel können sie auf Wind reagieren, indem sie sich biegen oder sich an Stützen festhalten.

3. Schwerkraftsinn: Blumen haben einen eingebauten Schwerkraftsinn, der ihnen hilft, ihre Wurzeln und

Stängel auszurichten und ihre Position im Raum zu bestimmen.

4. Chemischer Sinn: Blumen können verschiedene Chemikalien wahrnehmen und darauf reagieren, indem sie ihre Wurzeln zu Nährstoffquellen hin ausrichten oder auf Signale von anderen Blumen reagieren.

5. Temperatursinn: Blumen können Temperaturen wahrnehmen und darauf reagieren, indem sie ihre Stoffwechselaktivität anpassen und ihr Wachstum beeinflussen.

6. Feuchtigkeitssinn: Blumen können Feuchtigkeit wahrnehmen und darauf reagieren, indem sie ihre Wurzeln in feuchtere Bereiche ausrichten und ihre Blätter schließen, um Wasser zu sparen.

Der Lichtsinn

„Es war einmal eine kleine Blume namens Lumi, die in einem dunklen und feuchten Wald wuchs. Sie wusste nicht viel über die Welt, außer dass sie Sonnenlicht brauchte, um zu wachsen. Lumi hatte jedoch eine besondere Gabe - sie hatte den Lichtsinn. Dies bedeutete, dass sie das Vorhandensein von Licht in ihrer Umgebung spüren konnte, auch wenn es noch so schwach war.

Eines Tages bemerkte Lumi eine winzige Lichtquelle in der Ferne. Sie spürte das Licht und wusste, dass es ihr helfen würde, zu wachsen und sich zu entwickeln. Also streckte sie ihre Zweige und Blätter aus und bewegte sich langsam, aber stetig in Richtung des Lichts.

Unterwegs traf sie andere Blumen, die nicht über

den Lichtsinn verfügten und sich in die falsche Richtung entwickelt hatten. Einige von ihnen waren verdreht und krumm gewachsen, andere waren dünn und schwach. Lumi wusste, dass sie Glück hatte, über den Lichtsinn zu verfügen, und dass dieser ihr half, ihr volles Potenzial auszuschöpfen.

Je näher sie dem Licht kam, desto heller wurde es, und sie konnte immer mehr Details in ihrer Umgebung erkennen. Sie bemerkte andere Blumen, die ebenfalls in Richtung des Lichts wuchsen, und erkannte, dass sie nicht allein war.

Schließlich erreichte sie ihr Ziel - ein sonnenbeschienenes Fleckchen auf dem Waldboden. Hier war das Licht so hell und warm, dass Lumi sofort begann, sich auszudehnen und zu wachsen. Sie fühlte sich so lebendig und voller Energie wie noch nie zuvor.

Und so wuchs Lumi weiter, immer auf der Suche nach dem Licht und immer dankbar für ihren Lichtsinn, der ihr half, den Weg zu finden. Sie lernte, dass das Licht nicht nur wichtig für ihr Wachstum war, sondern auch für ihr Wohlbefinden und ihre Lebensqualität. Lumi war glücklich, eine Blume zu sein, die den Lichtsinn besaß, und war bereit, jede Herausforderung anzunehmen, die das Leben ihr bot."

Der Lichtsinn von Blumen ist ein wichtiger Faktor für ihr Wachstum, ihre Entwicklung und ihre Anpassung an die Umwelt. Blumen können Licht auf verschiedene Weise wahrnehmen und nutzen.

Die wichtigsten Pigmente für den Lichtsinn von Blumen sind die Chlorophylle, die in den Blättern und anderen grünen Teilen der Blume vorkommen. Diese Pigmente sind für die Photosynthese verantwortlich, bei der Lichtenergie in chemische Energie umgewandelt wird. Blumen nutzen jedoch nicht nur Licht für die Photosynthese, sondern auch für andere wichtige Prozesse wie die Regulierung des Wachstums und der Blütezeit.

Blumen können Licht auf verschiedene Weise wahrnehmen. Eine wichtige Rolle spielt dabei das Phototropin-Protein, das in den Zellen der Blumen vorkommt und auf Licht reagiert. Das Phototropin-Protein ist besonders empfindlich für blaues Licht, das für viele Aspekte des Wachstums und der Entwicklung wichtig ist.

Darüber hinaus haben Blumen auch spezielle Photorezeptoren für rotes und fernes rotes Licht. Diese Photorezeptoren spielen eine wichtige Rolle bei der Regulierung der Blütezeit und der Länge des Tageslichts, was für viele Blumen entscheidend für ihre Fortpflanzung ist.

Blumen können auch die Intensität, Richtung und Dauer des Lichts wahrnehmen und darauf reagieren. Zum Beispiel können Blumen ihre Blätter in Richtung des Lichts bewegen, um möglichst viel Licht aufzunehmen. Dieser Prozess wird Phototropismus genannt und wird durch das Phototropin-

Protein und andere Proteine reguliert.

Insgesamt ist der Lichtsinn von Blumen ein komplexer Prozess, der für viele Aspekte des Wachstums und der Entwicklung wichtig ist. Durch die Erforschung der Mechanismen, mit denen Blumen Licht wahrnehmen und nutzen, können wir besser verstehen, wie Blumen auf ihre Umgebung reagieren und wie wir sie am besten kultivieren können.

Der Schwerkraft- und Berührungssinn

„Es war einmal ein großer Wald, in dem sich viele verschiedene Blumenarten befanden. In diesem Wald lebte auch ein kleines Samenkorn, das gerade erst in die Erde gepflanzt worden war. Das Samenkorn war noch sehr jung und unerfahren, aber es wusste bereits, dass es zwei besondere Sinne hatte - den Schwerkraftsinn und den Berührungssinn.

Der Schwerkraftsinn half dem kleinen Samenkorn, sich in die Erde zu wurzeln und stabil zu bleiben, während der Berührungssinn ihm half, seine Umgebung zu erkunden. Wenn ein Regentropfen auf das Samenkorn fiel oder wenn der Wind durch die Blätter wehte, konnte es diese Berührungen spüren und sich anpassen.

Nach einiger Zeit wuchs aus dem Samenkorn eine kleine Blume, die sich immer stärker auf die Hilfe ihrer Sinne verlassen konnte. Der Schwerkraftsinn half der Blume dabei, sich aufzurichten und ihre Zweige in Richtung des Himmels zu strecken, während der Berührungssinn ihr half, ihre Blätter zu bewegen und ihre Umgebung zu erkunden.

Eines Tages jedoch bemerkte die kleine Blume, dass sie von einer anderen Blume bedrängt wurde, die ihre Zweige in ihre Richtung streckte. Die kleine Blume wusste nicht, was sie tun sollte, aber ihr Schwerkraftsinn half ihr dabei, sich zu stabilisieren und aufrechtzubleiben. Ihr Berührungssinn half ihr, die Berührung der anderen Blume zu spüren und sich ihr anzupassen.

Die kleine Blume lernte, wie wichtig es war, auf ihre Sinne zu vertrauen und sich an ihre Umgebung *anzupassen. Sie wusste, dass sie ihre Zweige und Blätter bewegen musste, um genug Sonnenlicht zu bekommen, und sie wusste auch, dass sie sich gegen andere Blumen verteidigen musste, um zu überleben."*

Der Schwerkraftsinn und der Berührungssinn sind zwei wichtige Sinne von Blumen, die ihnen dabei helfen, ihre Umgebung zu erkunden und sich anzupassen.

Sie helfen den Blumen dabei, aufrechtzubleiben, sich gegen andere Blumen zu verteidigen und genug Sonnenlicht und Nährstoffe zu bekommen. Ohne diese Sinne wären Blumen nicht in der Lage, in ihrer Umgebung zu überleben und zu gedeihen."Blumen haben spezialisierte Zellen und Organe, die ihnen helfen, Schwerkraft und Berührungen wahrzunehmen.

Schwerkraftsinn: Die Schwerkraftwahrnehmung von Blumen beruht auf der Anwesenheit von statolithischen Organen, die als Statolithen bezeichnet werden. Diese

Organe sind normalerweise kleine, schwerere Partikel, die sich in speziellen Zellen, den Statocyten, befinden. Wenn die Blume ihre Position ändert, bewegen sich die Statolithen durch die Schwerkraft und stimulieren die Zellen in der Nähe. Diese Reize helfen der Blume, ihre Position im Raum zu bestimmen und ihre Wurzeln und Stängel in die richtige Ausrichtung zu bringen.

Berührungssinn: Die Berührungswahrnehmung von Blumen beruht auf der Anwesenheit von spezialisierten Zellen, die als Mechanorezeptoren bezeichnet werden. Diese Zellen sind in den Blättern und Stängeln der Blume vorhanden und reagieren auf physische Veränderungen in der Umgebung, wie Berührungen und Bewegungen durch den Wind. Wenn eine Mechanorezeptorzelle stimuliert wird, löst sie eine Kaskade von Reaktionen aus, die von der Aktivierung von Enzymen bis zur Änderung der Genexpression reichen können. Dies ermöglicht der Blume, ihre Position und Ausrichtung in der Umgebung anzupassen und auf mögliche Bedrohungen oder Vorteile zu reagieren.

Zusammenfassend lässt sich sagen, dass der Schwerkraft-

und Berührungssinn von Blumen wichtige Funktionen erfüllen, indem sie der Blume helfen, ihre Position und Ausrichtung in der Umgebung zu bestimmen und auf Veränderungen in ihrer Umgebung zu reagieren

Der chemische Sinn

„Es war einmal ein junger Botaniker namens Lena, der sich leidenschaftlich für Blumen und ihre Fähigkeit interessierte, auf ihre Umgebung zu reagieren. Sie war besonders fasziniert von der Idee, dass Blumen einen chemischen Sinn haben könnten - die Fähigkeit, chemische Signale aus ihrer Umgebung zu erkennen und darauf zu reagieren.

Lena begann, eine Reihe von Experimenten durchzuführen, um diese Theorie zu testen. Sie verwendete verschiedene Chemikalien und beobachtete, wie Blumen darauf reagierten. Bald entdeckte sie, dass Blumen in der Tat auf bestimmte Chemikalien reagieren können, indem sie ihre Wurzeln ausdehnen, um nach Nährstoffen zu suchen, oder indem sie ihre Blätter kräuseln, um Schädlinge abzuwehren.

Lena war begeistert von ihren Entdeckungen und begann, weitere Experimente durchzuführen, um die genauen Mechanismen zu erforschen, die Blumen nutzen, um chemische Signale zu erkennen und darauf zu reagieren. Mit der Zeit konnte sie ein tiefes Verständnis dafür entwickeln, wie Blumen ihre Umgebung wahrnehmen und darauf reagieren können.

Lena war stolz auf ihre Forschung und die Erkenntnisse, die sie gewonnen hatte. Sie hoffte, dass ihre Arbeit dazu beitragen würde, ein tieferes Verständnis dafür zu entwickeln, wie Blumen in der Natur interagieren und wie sie uns helfen können, unsere Umwelt zu schützen."

Blumen nehmen chemische Signale aus ihrer Umgebung wahr, indem sie spezialisierte Zellen und Moleküle verwenden, um Informationen über ihre Umgebung zu sammeln.

Eine wichtige Art der chemischen Wahrnehmung von Blumen beruht auf der Fähigkeit, Moleküle aus der Luft oder dem Boden zu erkennen. Blumen können verschiedene Moleküle wahrnehmen, einschließlich Duftstoffe von Bestäubern, Duftstoffen von Beutetieren oder Schädlingen, Bodenchemikalien und Hormonen.

Die chemische Wahrnehmung von Blumen erfolgt durch spezialisierte Zellen, die als chemosensorische Zellen bezeichnet werden. Diese Zellen können Rezeptoren haben, die auf spezifische Moleküle ansprechen, oder sie können in der Lage sein, allgemeine Signale aus ihrer Umgebung zu erkennen.

Wenn eine chemosensorische Zelle ein Molekül erkennt, das auf sie einwirkt, löst sie eine Kaskade von Reaktionen aus, die von der Aktivierung von Enzymen bis zur Änderung der Genexpression reichen können. Dies kann dazu führen, dass

die Blume ihre Wachstumsrichtung ändert, ihre
Hormonproduktion erhöht oder ihre Abwehrmechanismen
gegen Schädlinge verstärkt.

Zusammenfassend lässt sich sagen, dass die chemische
Wahrnehmung von Blumen ein wichtiger Mechanismus ist,
der es ihnen ermöglicht, auf ihre Umgebung zu reagieren
und sich an Veränderungen anzupassen. Dies ist besonders
wichtig für ihre Interaktionen mit anderen Organismen,
einschließlich Bestäubern, Beutetieren, Schädlingen und
anderen Blumen.

Der Geruchssinn

„Es war einmal eine junge Biologin namens Emma, die sich sehr für den Geruchssinn von Blumen interessierte. Sie war fasziniert von der Idee, dass Blumen wie Tiere und Menschen auch in der Lage sein könnten, Düfte zu erkennen und darauf zu reagieren.

Emma begann, Experimente durchzuführen, um herauszufinden, ob Blumen tatsächlich einen Geruchssinn hatten. Sie verwendete verschiedene Düfte und beobachtete, wie die Blumen darauf reagierten. Schließlich entdeckte sie, dass Blumen in der Tat auf bestimmte Düfte reagieren können, indem sie ihre Blüten öffnen oder schließen oder indem sie ihr Wachstum verändern.

Emma war begeistert von ihren Entdeckungen und

begann, weitere Experimente durchzuführen, um zu untersuchen, wie Blumen ihren Geruchssinn nutzen. Sie entdeckte, dass Blumen Düfte verwenden können, um Bestäuber anzulocken oder Schädlinge abzuschrecken. Sie fand auch heraus, dass Blumen in der Lage sind, ihre eigene chemische Signatur abzugeben, um andere Blumen vor Krankheiten oder Schädlingen zu warnen.

Emma war begeistert von ihren Ergebnissen und hoffte, dass ihre Arbeit dazu beitragen würde, ein besseres Verständnis dafür zu entwickeln, wie Blumen mit ihrer Umwelt interagieren und wie sie uns helfen können, unsere Umwelt zu schützen. Sie war stolz darauf, einen Beitrag zu leisten, der uns alle dazu inspirieren könnte, die Wunder der Natur zu entdecken."

Blumen haben einen Geruchssinn, der es ihnen ermöglicht, verschiedene chemische Verbindungen in ihrer Umgebung zu erkennen und darauf zu reagieren. Dieser Geruchssinn ist eng mit der Fähigkeit von Blumen verbunden, ihre Fortpflanzung und Abwehrmechanismen zu steuern.

Blumen können Geruchsstoffe sowohl aus ihrer unmittelbaren Umgebung als auch aus der Ferne wahrnehmen. Dies erfolgt über spezielle Geruchsrezeptoren, die sich in der Zellmembran befinden. Wenn ein Geruchsstoff an einen solchen Rezeptor bindet, wird eine Signalkaskade ausgelöst, die schließlich zur Freisetzung von Hormonen und anderen chemischen Verbindungen führt.

Blumen können auf bestimmte Gerüche unterschiedlich reagieren, je nachdem, ob sie nützlich oder schädlich für ihre Entwicklung und ihr Überleben sind. Zum Beispiel können sie auf Gerüche von Nährstoffen und Wasser positiv reagieren und ihre Wurzeln in Richtung dieser Quellen wachsen lassen. Andererseits können sie auf Gerüche von Krankheitserregern negativ reagieren und

Abwehrmechanismen aktivieren, um sich zu schützen.

Blumen können auch auf Geruchsstoffe von anderen Blumen reagieren, die auf Konkurrenz oder Zusammenarbeit hinweisen können. Zum Beispiel können einige Blumen durch den Geruch von anderen Blumen beeinflusst werden, um ihre Wurzeln tiefer in den Boden zu treiben, um mehr Nährstoffe zu erhalten oder um ihre Blütezeiten zu ändern, um sich besser an das Klima anzupassen.

Insgesamt ist der Geruchssinn der Blumen ein wichtiger Mechanismus, um auf ihre Umgebung zu reagieren und ihr Überleben zu sichern.

Der Geschmackssinn

„Es war einmal eine kleine Gemeinschaft von Blumen, die in einem sonnigen Waldstück wuchsen. Diese Blumen waren bekannt für ihre intensiven Farben und schönen Blüten, aber es gab eine Sache, die ihnen fehlte - einen ausgeprägten Geruchssinn.

Eines Tages kamen einige Bienenschwärme durch den Wald geflogen, und die Blumen beobachteten sie neugierig. Sie bemerkten, dass die Bienen von Blume zu Blume flogen und an den Blüten schnupperten, bevor sie Nektar sammelten.

Die Blumen waren fasziniert von diesem Verhalten und begannen darüber nachzudenken, wie sie selbst einen Duft produzieren könnten, der die Bienen anziehen würde. Sie wussten, dass Bienen *eine wichtige Rolle bei der Bestäubung spielen und dass ihre Gemeinschaft ohne sie nicht überleben könnte.*

So begannen die Blumen, ihre Wurzeln tief in den Boden zu graben und sich mit den Nährstoffen zu versorgen, die sie benötigten, um spezielle Drüsen in ihren Blüten zu entwickeln. Diese Drüsen produzierten eine Vielzahl von Duftstoffen, die von den Bienen erkannt und angezogen werden konnten.

Nach einiger Zeit begannen die Blüten der Blumen intensiv zu duften, und die Bienen kamen in Scharen, um sie zu besuchen. Die Blumen waren begeistert und erkannten, dass sie durch die Entwicklung ihres Geruchssinns nicht nur ihre Überlebensfähigkeit erhöhten, sondern auch die Schönheit und Vielfalt des Waldes bereicherten.

Seitdem sind die Blumen bekannt für ihre intensiven Düfte und werden von Bienen und anderen Bestäubern oft besucht. Die Blumen haben gelernt, dass ihre Umgebung voller Möglichkeiten ist und dass sie in der Lage sind, sich an ihre Bedürfnisse anzupassen und zu wachsen."

Blumen haben zwar keinen Geschmackssinn wie Tiere oder Menschen, aber sie können auf ihre Umgebung reagieren und auf Veränderungen in ihrem Umfeld durch chemische Signale reagieren.

Zum Beispiel können Blumen den Gehalt von Nährstoffen in ihrem Boden erkennen und dann ihre Wurzeln entsprechend ausrichten, um diese Nährstoffe zu absorbieren. Dies wird als Wurzelorientierung bezeichnet und erfolgt durch den Einsatz von Chemikalien wie Auxinen und Zytokininen, die von den Wurzeln produziert werden.

Ein weiteres Beispiel ist die Fähigkeit von Blumen, auf Stress zu reagieren. Wenn eine Blume durch Dürre, Hitze oder Kälte gestresst wird, produziert sie Stresshormone wie Abszisinsäure, die dann die Funktionen der Blume verändern, um das Überleben zu sichern. Dies kann dazu führen, dass die Blume ihre Photosynthese reduziert oder ihre Wurzeln tiefer in den Boden wachsen lässt, um Feuchtigkeit zu finden.

Es wurde auch festgestellt, dass Blumen in der Lage sind, auf die Anwesenheit von Schädlingen zu reagieren. Einige Blumen produzieren dann spezielle chemische Verbindungen, um sich vor dem Angreifer zu schützen.

Insgesamt zeigen diese Beispiele, dass Blumen zwar keinen Geschmackssinn haben, aber dennoch auf ihre Umgebung reagieren und sich anpassen können, um zu überleben und sich zu vermehren. Es ist erstaunlich zu sehen, wie Blumen auf komplexe Weise mit ihrer Umgebung interagieren und sich anpassen können.

Und nun noch einmal

dies alles ganz genau:

Der Lichtsinn der Blumen

Der Begriff "Lichtsinn der Blumen" bezieht sich auf die Fähigkeit von Blumen, auf Licht als wichtigen Umweltreiz zu reagieren und daraufhin ihr Wachstum und ihre Entwicklung zu steuern.

Blumen können Licht durch spezialisierte Zellen in ihren Blättern und Stängeln wahrnehmen, die als Photorezeptoren bezeichnet werden. Diese Photorezeptoren können spezifische Wellenlängen von Licht absorbieren und so verschiedene physiologische Prozesse in der Blume auslösen.

Das bekannteste Beispiel für den Lichtsinn der Blumen ist das Phänomen der Phototropie, bei dem Blumen ihre Wachstumsrichtung in Abhängigkeit von der Richtung des Lichts ändern. Dies wird durch den Photorezeptor Phototropin vermittelt, der Blaulicht absorbieren kann und die Bewegung von Auxin, einem Wachstumshormon, in der Blume steuert.

Blumen können auch auf andere Aspekte des Lichts, wie Intensität und Dauer, reagieren, um ihre Entwicklung zu regulieren. Zum Beispiel kann eine längere Belichtungsdauer das Blühen auslösen, während eine geringere Intensität das Wachstum der Stängel und Blätter hemmen kann.

Insgesamt ist der Lichtsinn der Blumen ein wichtiges Phänomen, das zeigt, wie Blumen ihre Umgebung wahrnehmen und darauf reagieren können, um ihr Wachstum und ihre Entwicklung zu steuern.

Die Struktur und Funktion der lichtsensitiven Zellen

Blumen haben lichtsensitive Zellen, die es ihnen ermöglichen, Licht wahrzunehmen und auf diese Weise verschiedene biologische Prozesse zu regulieren.

Diese lichtsensitiven Zellen sind in verschiedenen Teilen der Blume vorhanden, einschließlich der Blätter, Stängel und Wurzeln.

Die Struktur der lichtsensitiven Zellen variiert je nach Art der Blume und der spezifischen Funktion, die sie erfüllen sollen. Einige der wichtigsten lichtsensitiven Zellen in Blumen sind:

1. Photorezeptoren: Photorezeptoren sind Proteine, die Licht absorbieren und Signale an die Zellen der Blume senden. Es gibt zwei Haupttypen von Photorezeptoren in Blumen: Phytochrome und Cryptochrome. Phytochrome ist wichtig für die Steuerung von Keimung, Wachstum und Blüte, während Cryptochrome eine Rolle bei der Steuerung des zirkadianen Rhythmus und anderer biologischer Prozesse spielt.

2. Blattchloroplasten: Chloroplasten sind die lichtsensitiven Zellen in den Blättern von Blumen. Sie absorbieren Licht und wandeln es in Energie um, die für die Photosynthese verwendet wird.

3. Stängelphototropismus: Lichtsensitive Zellen in den Stängeln von Blumen spielen eine wichtige Rolle bei der Regulation des Phototropismus. Der

Phototropismus ist die Fähigkeit einer Blume, sich in Richtung des Lichts zu bewegen, um das Maximum an Lichtenergie aufzunehmen.

4.

Die Funktion der lichtsensitiven Zellen in Blumen ist vielfältig und umfasst:

1. Photosynthese: Blumen nutzen das Licht, das von ihren lichtsensitiven Zellen aufgenommen wird, um Energie für die Photosynthese zu erzeugen, die für das Wachstum und die Entwicklung der Blume unerlässlich ist.

2. Wachstum und Entwicklung: Lichtsensitive Zellen spielen eine wichtige Rolle bei der Regulierung des Wachstums und der Entwicklung von Blumen. Durch die Aufnahme von Licht können Blumen ihre Wachstumsrate und ihre Entwicklung anpassen.

3. Schutz: Einige lichtsensitive Zellen in Blumen sind wichtig für den Schutz der Blume vor schädlichen UV-Strahlen und anderen Umweltfaktoren.

Insgesamt sind die lichtsensitiven Zellen in Blumen von entscheidender Bedeutung für viele biologische Prozesse und Funktionen. Ein besseres Verständnis der Struktur und Funktion dieser Zellen kann dazu beitragen, neue Ansätze für den Blumenschutz zu entwickeln, die auf natürlichen Mechanismen basieren und umweltfreundlicher sind.

Wahrnehmung des Lichts: Farbe, Helligkeit und Richtung

Blumen sind in der Lage, Licht auf komplexe Weise wahrzunehmen und zu nutzen.

Licht ist für Blumen von entscheidender Bedeutung, da es für die Photosynthese benötigt wird, bei der sie Kohlenstoffdioxid in Sauerstoff und Glukose umwandeln. Im Folgenden ein Überblick darüber, wie Blumen das Licht wahrnehmen und darauf reagieren:

1. Farbwahrnehmung: Blumen können das Lichtspektrum von UV-Strahlen bis hin zu Infrarotwellenlängen wahrnehmen. Dabei spielen

verschiedene Pigmente wie Chlorophyll, Carotinoide und Anthocyane eine wichtige Rolle. Diese Pigmente absorbieren unterschiedliche Wellenlängen des Lichts und können somit die Farbe des Lichts beeinflussen, das von der Blume reflektiert wird.

2. Helligkeitswahrnehmung: Blumen können auch die Helligkeit des Lichts wahrnehmen und darauf reagieren. Dabei nutzen sie spezialisierte Zellen, die Photorezeptoren genannt werden und auf unterschiedliche Wellenlängen des Lichts reagieren. Diese Photorezeptoren können dabei helfen, das Wachstum und die Entwicklung der Blume zu steuern.

3. Richtungswahrnehmung: Blumen sind auch in der Lage, die Richtung des Lichts wahrzunehmen und darauf zu reagieren. Dabei spielen Photorezeptoren eine wichtige Rolle, die speziell auf die Richtung des Lichts reagieren können. Auf diese Weise können Blumen ihre Wachstumsrichtung und Blattstellung anpassen, um das Licht optimal auszunutzen.

Insgesamt sind die Sinne der Blumen für die Wahrnehmung von Licht auf komplexe Weise miteinander verknüpft und ermöglichen es ihnen, das Licht optimal zu nutzen, um zu wachsen und zu gedeihen.

Wie Blumen auf Licht reagieren

Blumen reagieren auf Licht auf verschiedene Weisen, da es für ihr Wachstum und ihre Entwicklung unerlässlich ist.

Hier sind einige der wichtigsten Antworten auf die Frage, wie Blumen auf Licht reagieren:

1. Photosynthese: Blumen nutzen das Licht, um Photosynthese zu betreiben, das heißt, sie produzieren Nährstoffe aus Kohlenstoffdioxid und Wasser. Die Photosynthese findet in speziellen Zellen statt, die Chloroplasten enthalten, welche das Licht aufnehmen.

2. Phototropismus: Dies ist eine Reaktion von Blumen

auf Licht, bei der sie ihre Wachstumsrichtung verändern. Blumen wachsen normalerweise in Richtung des Lichts, um möglichst viel davon aufzunehmen. Dieser Prozess wird durch das Phytochromprotein im pflanzlichen Gewebe gesteuert.

3. Circadianer Rhythmus: Blumen haben einen biologischen Rhythmus, der sich am Tageslicht orientiert. Das bedeutet, dass sie ihre Stoffwechselprozesse wie Fotosynthese, Zellteilung und Hormonproduktion an den Tag-Nacht-Zyklus anpassen.

4. Blüte: Blumen reagieren auf unterschiedliche Lichtbedingungen, um ihre Blütezeit zu bestimmen. Einige Blumen blühen beispielsweise nur, wenn sie eine bestimmte Anzahl von Tagen mit langem Licht oder kurzen Nächten erfahren haben.

Insgesamt ist das Verhalten von Blumen gegenüber Licht sehr komplex und wird durch eine Vielzahl von Genen und Signalen gesteuert.

Wie Blumen die Länge des Tages und der Nacht wahrnehmen

Photoperiodismus ist der Prozess, durch den Blumen die Länge des Tages und der Nacht wahrnehmen und daraufhin ihre Wachstums- und Blühmuster anpassen. Blumen nutzen Photorezeptoren, um Licht zu erkennen und ihre physiologischen Prozesse entsprechend zu steuern.

Es gibt zwei Haupttypen von Photorezeptoren in Blumen: die Phytochrome und die Cryptochrome. Phytochrome reagieren auf rotes und fernes rotes Licht, während Cryptochrome auf blauem Licht reagieren. Beide Arten von Photorezeptoren spielen eine wichtige Rolle bei der Wahrnehmung von Licht durch Blumen und der Steuerung ihrer Wachstums- und Blühmuster.

Wenn eine Blume lange Tage benötigt, um zu blühen, wird sie als "Langtag-Blume" bezeichnet. Wenn sie dagegen kurze Tage benötigt, um zu blühen, wird sie als "Kurztag-Blume" bezeichnet. LangtagBlumen reagieren auf die Stimulation durch rotes Licht, während KurztagBlumen auf die Stimulation durch blaues Licht reagieren.

Langtag-Blumen blühen, wenn die Tage länger als eine kritische Länge sind, während Kurztag-Blumen blühen, wenn die Tage kürzer als eine kritische Länge sind. Die kritische Länge variiert zwischen den verschiedenen Arten von Blumen.

Photoperiodismus ist ein wichtiger Faktor bei der Kontrolle der Wachstumsmuster und hat auch Auswirkungen auf die Gartenarbeit. Zum Beispiel können Profis die Wachstums- und Blühmuster von Blumen kontrollieren, indem sie sie in Gewächshäusern mit Beleuchtung anbauen und die Lichtexposition steuern.

Der Schwerkraft- und Berührungssinn

Der Schwerkraft- und Berührungssinn ist für Blumen von entscheidender Bedeutung, da er ihnen hilft, ihre Position in der Umgebung zu erkennen und ihre Wachstumsrichtung anzupassen.

Blumen verwenden spezielle Zellen, sogenannte Statolithen, um die Schwerkraft zu erkennen. Statolithen sind schwere Stärkekörner, die sich in speziellen Zellen befinden, den sogenannten Statocyten. Wenn die Blume sich bewegt oder geneigt wird, bewegen sich die Statolithen und lösen ein Signal aus, das zur Anpassung des Wachstums führt. Diese Anpassung erfolgt durch die Veränderung der Konzentration von Auxinen, Wachstumshormonen, die für das Wachstum der Blume wichtig sind. Die Konzentration von Auxinen wird durch die Schwerkraft beeinflusst, da die Statolithen durch die Schwerkraft auf die untere Seite der Statocyten sinken, was zu einer höheren Konzentration von Auxinen auf dieser Seite führt und das Wachstum in Richtung der Schwerkraft fördert.

Der Berührungssinn von Blumen wird als Thigmotropismus bezeichnet. Blumen können auf Berührungen reagieren, indem sie ihr Wachstum in Richtung der Berührung ausrichten oder ihre Form verändern. Der Thigmotropismus ist bei verschiedenen Blumen unterschiedlich ausgeprägt, kann jedoch bei vielen Blumen beobachtet werden.

Der Thigmotropismus wird durch mechanosensitive Kanäle in der Membran der Blumenzellen vermittelt, die durch die Berührung geöffnet werden und zu einer Veränderung des Membranpotentials führen. Diese Veränderung des Membranpotentials löst eine Signalkaskade aus, die zur Anpassung des Wachstums führt, indem sie die Konzentration von Auxinen beeinflusst.

Wie Blumen die Schwerkraft wahrnehmen

Die Statolithentheorie beschreibt, wie Blumen die Schwerkraft wahrnehmen und diese Information nutzen, um ihre Wachstumsrichtung zu steuern.

Diese Theorie besagt, dass sich spezielle Zellen, die sogenannten Statolithen, in Blumenzellen aufgrund der Schwerkraft am unteren Ende der Zelle ansammeln. Dies verändert das Gewichtsverhältnis in der Zelle und führt dazu, dass die Zelle in Richtung der Schwerkraft wächst.

Die Statolithen sind kleine Körnchen aus Stärke oder Kalziumkarbonat, die in bestimmten Zellen der Blume wie beispielsweise in Wurzelspitzen oder in den Stängeln von vorhanden sind. Die Statolithen sind in einer Schicht von Schleim eingebettet, der dazu dient, dass sie sich aufgrund ihrer Dichte am unteren Ende der Zelle ansammeln. Wenn die Blume ihre Position ändert, bewegen sich die Statolithen ebenfalls und setzen sich am neuen unteren Ende der Zelle ab.

Die Ansammlung von Statolithen am unteren Ende der Zelle aktiviert dann einen Signalweg, der die Produktion von Auxinen, einem pflanzlichen Hormon, stimuliert. Diese Auxine bewirken, dass die Zelle an dieser Stelle mehr wächst als an anderen Stellen. Auf diese Weise können Blumen ihre Wurzeln in Richtung des Bodens und ihre Stängel in

Richtung des Lichts ausrichten.

Insgesamt ermöglicht die Statolithentheorie Blumen, ihre Wachstumsrichtung in Abhängigkeit von der Schwerkraft auszurichten, und ist ein wichtiger Mechanismus für ihre Wachstums- und Entwicklungsprozesse.

Wie Blumen auf Berührung reagieren

Thigmotropismus beschreibt die Reaktion von Blumen auf Berührung, bei der sich das Wachstum der Blume in Abhängigkeit von der Art der Berührung verändert.

Die Wachstumsrichtung von Blumen kann sich durch Berührung von Objekten wie Stützstrukturen, anderen Blumen oder Tieren verändern. Hier sind einige der wichtigsten Antworten auf die Frage, wie Blumen auf Berührung reagieren:

1. Reizleitung: Blumen haben spezialisierte Zellen, die sogenannten Motorzellen, die elektrische Signale

leiten können. Wenn eine Blume berührt wird, wird dieser Reiz von den Motorzellen aufgenommen und an andere Teile der Blume weitergeleitet, um eine Reaktion auszulösen.

2. Wachstumsreaktion: Blumen können auf Berührung reagieren, indem sie ihr Wachstum verändern. Zum Beispiel können sie auf eine Berührung hin in die Richtung der Berührung wachsen, um sich daran zu stützen oder sich von anderen Blumen oder Tieren fernzuhalten. Diese Wachstumsreaktion wird durch die Produktion von Auxinen oder anderen pflanzlichen Hormonen ausgelöst.

3. Thigmomorphogenese: Die langfristige Einwirkung von Berührungen kann auch zu strukturellen Veränderungen in der Blume führen. Dieser Prozess wird als Thigmomorphogenese bezeichnet und kann dazu führen, dass Blumen stärker und widerstandsfähiger gegenüber mechanischen Belastungen werden.

Insgesamt ist der Thigmotropismus ein wichtiger Mechanismus für Blumen, um auf ihre Umwelt zu reagieren und sich an ihre Umgebung anzupassen. Durch ihre Fähigkeit, auf Berührungen zu reagieren, können Blumen ihre Wachstumsrichtung und ihre Struktur verändern und so ihr Überleben und ihre Fortpflanzung fördern.

Wie Blumen Bewegungen durch Berührung auslösen können

Thigmonastie beschreibt die reversible Bewegung von Blumen aufgrund einer mechanischen Stimulation, wie zum Beispiel einer Berührung.

Im Gegensatz zum Thigmotropismus, bei dem das Wachstum der Blume durch eine Berührung beeinflusst wird, handelt es sich bei der Thigmonastie um eine schnelle, reflexartige Bewegung, die innerhalb von Sekunden oder Bruchteilen einer Sekunde stattfindet.

Es gibt verschiedene Arten von Thigmonastie, wie zum

Beispiel die Schließbewegungen der Blätter bei der Venusfliegenfalle oder die schnellen Bewegungen der Mimosenblätter. Diese Bewegungen werden durch eine schnelle Veränderung des Turgors, also des Wassergehalts und des Drucks innerhalb der Blumenzellen, ausgelöst.

Bei der Venusfliegenfalle führt eine Berührung der Haare auf den Blättern zur Auslösung von elektrischen Signalen in den Zellen. Diese Signale führen zur schnellen Freisetzung von Kalziumionen und zur Aktivierung von Enzymen, die die Zellwand verdauen. Dadurch verliert das Blatt an Spannung und schließt sich um das Beutetier.

Bei Mimosen und anderen Blumen führt eine Berührung zur Aktivierung von speziellen Kaliumkanälen in den Zellen, die zu einem schnellen Austausch von Ionen und Wasser zwischen den Zellen führen. Dadurch verändert sich der Turgor und das Blatt faltet sich zusammen.

Insgesamt ermöglicht die Thigmonastie Blumen, auf Berührungen schnell und effektiv zu reagieren und sich so vor Fressfeinden oder Umweltgefahren zu schützen.

Der chemische Sinn der Blumen

Blumen haben einen ausgeprägten chemischen Sinn und können verschiedene chemische Signale aus der Umgebung wahrnehmen und darauf reagieren.

Blumen können zum Beispiel Pheromone von Insekten oder anderen Tieren wahrnehmen. Diese Pheromone können zur Anlockung von Bestäubern oder zur Abwehr von Schädlingen genutzt werden. Die Blume kann dann gezielt Stoffe produzieren, die entweder den Bestäubern helfen, die Blüte zu finden, oder Schädlinge abwehren.

Blumen können auch auf ihre eigene chemische Umgebung reagieren. Sie können beispielsweise die Konzentration von Hormonen wie Auxinen, Ethylen oder Jasmonat im Gewebe erkennen und darauf reagieren. Wenn beispielsweise ein Teil der Blume beschädigt wird, wird Ethylen produziert und an benachbarte Zellen abgegeben, um die Reparaturprozesse zu fördern.

Blumen können auch auf chemische Signale aus der Umgebung reagieren, wie zum Beispiel auf bestimmte

Licht- oder Temperaturbedingungen. Diese Signale können das Wachstum und die Entwicklung der Blume beeinflussen und zur Ausbildung bestimmter Merkmale führen.

Die chemische Wahrnehmung von Blumen wird durch spezielle Rezeptoren in der Zellmembran vermittelt, die auf die chemischen Signale reagieren und die Signalkaskaden auslösen, die zur Anpassung des Wachstums und der Entwicklung führen.

Struktur und Funktion der Rezeptoren für chemische Signale in Blumen

Blumen besitzen eine Vielzahl von Rezeptoren, die in der Lage sind, chemische Signale wahrzunehmen und darauf zu reagieren.

Diese Rezeptoren können in verschiedenen Bereichen der Blume lokalisiert sein, wie zum Beispiel in den Wurzeln, Blättern und Blüten.

Die Rezeptoren für chemische Signale in Blumen bestehen

aus Proteinen, die in der Zellmembran eingebettet sind. Diese Proteine bestehen aus verschiedenen Untereinheiten, die zusammen ein größeres Protein bilden. Die meisten dieser Rezeptoren gehören zur Familie der G-Protein-gekoppelten Rezeptoren, die auch bei Tieren und Menschen vorkommen.

Die Funktion dieser Rezeptoren besteht darin, chemische Signale aus der Umgebung aufzunehmen und in eine zelluläre Antwort umzuwandeln. Wenn ein chemisches Signal an den Rezeptor bindet, wird eine Kaskade von Signalen ausgelöst, die letztendlich zur Aktivierung eines Enzyms führen. Dieses Enzym kann dann verschiedene Prozesse in der Zelle auslösen, wie zum Beispiel die Produktion von Sekundärmetaboliten, die Steuerung des Wachstums oder die Abwehr von Schädlingen.

Ein Beispiel für einen Rezeptor für chemische Signale in Blumen ist der Jasmonat-Rezeptor. Jasmonate sind Hormone, die in Blumen eine wichtige Rolle bei der Abwehr von Schädlingen und der Regulation des Wachstums spielen. Wenn Jasmonate an den Rezeptor binden, wird eine

Signalkaskade ausgelöst, die letztendlich zur Produktion von Proteaseinhibitoren führt. Diese Proteine sind in der Lage, Enzyme zu hemmen, die von Schädlingen freigesetzt werden und somit den Schutz der Blume verstärken.

Ein weiteres Beispiel sind die Rezeptoren für Duftstoffe in Blumen. Diese Rezeptoren befinden sich in den Blüten und sind in der Lage, spezifische Duftstoffe aus der Umgebung wahrzunehmen. Wenn ein Insekt den Duftstoff wahrnimmt und zu der Blüte fliegt, kann die Blume ihre Bestäubung sichern und somit ihre Fortpflanzung sicherstellen.

Insgesamt sind die Rezeptoren für chemische Signale in Blumen von großer Bedeutung für das Überleben und die Fortpflanzung der Blumen. Durch das Verständnis dieser Rezeptoren können wir Blumen besser nutzen und schützen, um eine nachhaltige und effiziente Landwirtschaft zu fördern.

Die Wahrnehmung von Duftstoffen und Aromen

<u>Blumen können Duftstoffe und Aromen wahrnehmen und auf sie reagieren.</u>

Duftstoffe und Aromen sind komplexe Mischungen von chemischen Verbindungen, die für die menschliche Nase angenehm oder unangenehm riechen können.

Blumen können Duftstoffe und Aromen auf verschiedene Weise wahrnehmen. Einige Blumen besitzen spezialisierte Rezeptoren in ihren Zellen, die auf bestimmte Duftstoffe reagieren und Signalwege aktivieren, die das Wachstum und die Entwicklung der Blumen beeinflussen können. Andere Blumen können auf Duftstoffe reagieren, indem sie ihre Blüten öffnen oder schließen oder ihre Stoffwechselrate ändern, um ihre Fortpflanzung oder ihre Abwehr gegenüber Schädlingen zu verbessern.

Ein bekanntes Beispiel für die Wahrnehmung von Duftstoffen durch Blumen ist die Kommunikation zwischen Blumen und bestäubenden Insekten. Bestimmte

Blumenarten produzieren spezifische Duftstoffe, um Insekten anzulocken, die als Bestäuber dienen. Diese Insekten besuchen die Blüten der Blumen, sammeln Nektar und Pollen und tragen dazu bei, dass sich die Blumen erfolgreich vermehren.

Insgesamt können Blumen Duftstoffe und Aromen wahrnehmen und auf sie reagieren, um ihre Fortpflanzung, Abwehr gegenüber Schädlingen und ihre Anpassung an ihre Umwelt zu verbessern.

Wahrnehmung von Pheromonen und anderen chemischen Signalen durch Blumen

Blumen sind in der Lage, auf eine Vielzahl von chemischen Signalen in ihrer Umgebung zu reagieren, einschließlich von Pheromonen und anderen flüchtigen organischen Verbindungen.

Hier sind einige der wichtigsten Antworten auf die Frage, wie Blumen chemische Signale wahrnehmen:

1. Rezeptoren: Blumen besitzen spezialisierte Rezeptoren, die auf bestimmte chemische Signale reagieren können. Diese Rezeptoren können auf der Oberfläche von Zellen oder im Inneren von Zellen lokalisiert sein und sind in der Lage, die chemischen Signale zu binden und damit eine Signalkaskade auszulösen.

2. Signalkaskade: Wenn ein chemisches Signal an einen Rezeptor gebunden wird, löst dies eine Signalkaskade aus, die zu einer Veränderung der Genexpression und damit zu einer Veränderung des Stoffwechsels und der Morphologie der Blume führen kann. Diese Veränderungen können sowohl kurzfristig, wie zum Beispiel die Freisetzung von Duftstoffen, als auch langfristig, wie zum Beispiel die Anpassung der Blume an ihre Umgebung, sein.

3. Interaktionen mit anderen Organismen: Blumen nutzen chemische Signale, um mit anderen Organismen in ihrer Umgebung zu interagieren. Zum Beispiel können sie durch die Freisetzung von

Pheromonen Signale an bestäubende Insekten senden, um ihre Bestäubungserfolge zu erhöhen. Blumen können auch durch die Freisetzung von flüchtigen organischen Verbindungen Feinde wie herbivore Insekten oder pathogene Mikroben abwehren.

Insgesamt ist die Wahrnehmung von chemischen Signalen ein wichtiger Mechanismus für Blumen, um auf ihre Umgebung zu reagieren und sich anzupassen. Durch ihre Fähigkeit, chemische Signale zu erkennen und darauf zu reagieren, können Blumen ihre Überlebenschancen erhöhen und ihre Fortpflanzung fördern.

Der Geruchssinn der Blumen

Blumen haben einen Geruchssinn, der es ihnen ermöglicht, chemische Signale aus der Umgebung wahrzunehmen. Blumen emittieren selbst Duftstoffe, um z.B. Bestäuber anzulocken oder Raubtiere abzuschrecken.

Die Wahrnehmung dieser Duftstoffe kann für die Blume entscheidend sein, um sich gegen Schädlinge und Krankheiten zu verteidigen oder um Bestäuber anzulocken und sich zu vermehren.

Die Geruchswahrnehmung von Blumen erfolgt über spezialisierte Rezeptoren, die in der Zellmembran der Blumenzellen eingebettet sind. Diese Rezeptoren sind in der Lage, spezifische Duftstoffe zu erkennen und darauf zu reagieren. Wenn ein Duftstoff an einen entsprechenden Rezeptor bindet, wird ein Signal an die Zelle weitergeleitet, das dann zu einer entsprechenden Reaktion der Blume führt.

Die Reaktionen von Blumen auf Duftstoffe können sehr

unterschiedlich sein und hängen von der Art des Duftstoffs und der Situation ab. Zum Beispiel können Blumen auf die Anwesenheit von Insekten reagieren, indem sie Duftstoffe abgeben, die die Anwesenheit von Raubtieren signalisieren und somit Insekten abschrecken oder indem sie Duftstoffe abgeben, die Bestäuber anlocken.

Insgesamt ist der Geruchssinn für Blumen eine wichtige Möglichkeit, um Informationen aus ihrer Umgebung zu sammeln und darauf zu reagieren. Durch die Wahrnehmung von Duftstoffen können Blumen ihre Verteidigung gegen Schädlinge und Krankheiten verbessern und ihre Fortpflanzung sichern.

Struktur und Funktion der Geruchsrezeptoren
Blumen besitzen spezialisierte Zellen, die als Geruchsrezeptoren fungieren und für die Wahrnehmung von Duftstoffen verantwortlich sind.

Diese Zellen befinden sich meist in den Blütenblättern, in den Blättern oder in anderen Teilen der Blume. Die Geruchsrezeptoren von Blumen werden als Olfaktorische

Rezeptoren (ORs) bezeichnet und sind den Geruchsrezeptoren von Tieren ähnlich.

Die Funktion der Geruchsrezeptoren von Blumen besteht darin, chemische Signale von anderen Blumen, Tieren oder ihrer Umgebung zu erkennen. Diese Signale können sowohl positiv als auch negativ sein. So können Blumen beispielsweise Duftstoffe produzieren, um Nützlinge anzulocken oder um Schädlinge abzuwehren. Auch können sie auf die Anwesenheit von Raubtieren oder anderen Gefahren reagieren, indem sie spezifische Duftstoffe freisetzen.

Die Geruchsrezeptoren von Blumen bestehen aus Proteinen, die auf der Zelloberfläche sitzen und chemische Verbindungen binden können. Wenn eine Duftmolekül an den Rezeptor bindet, wird eine Kaskade von biochemischen Reaktionen ausgelöst, die letztendlich zur Freisetzung von Signalen führt. Diese Signale werden dann von der Blume verarbeitet und können zu verschiedenen Verhaltensweisen führen, wie beispielsweise der Produktion von Nektar oder der Änderung des Wachstumsmusters.

Insgesamt sind die Geruchsrezeptoren von Blumen ein wichtiger Bestandteil ihrer Kommunikation mit ihrer Umgebung. Durch die Wahrnehmung von Duftstoffen können Blumen ihre Überlebensfähigkeit verbessern, indem sie Nützlinge anziehen und Schädlinge abwehren.

Wie Blumen Gerüche wahrnehmen und verarbeiten

Blumen nehmen Gerüche über spezialisierte Zellen wahr, die als "olfaktorische Zellen" bezeichnet werden.

Diese Zellen befinden sich in der Nase der Blume oder in anderen sensorischen Organen wie Blüten oder Blättern.

Wenn eine Blume einen Geruch wahrnimmt, lösen die Duftmoleküle eine Kaskade von biochemischen Reaktionen aus, die zur Freisetzung von Hormonen führen. Diese Hormone können dann verschiedene Reaktionen in der Blume auslösen, wie z.B. das Öffnen von Poren, um mehr Duftmoleküle aufzunehmen, oder die Freisetzung von bestimmten Chemikalien, um sich vor Schädlingen zu schützen.

Ein Beispiel dafür ist die Art und Weise, wie Blumen auf die Anwesenheit von Raupen reagieren. Wenn eine Blume von Raupen angegriffen wird, setzt sie spezielle Duftmoleküle frei, die von benachbarten Blumen wahrgenommen werden können. Diese benachbarten Blumen reagieren dann, indem sie ihre eigene Verteidigung gegen Raupen aktivieren, um sich vor möglichen Angriffen zu schützen.

Insgesamt sind die Mechanismen, die Blumen zur Wahrnehmung und Verarbeitung von Gerüchen nutzen, noch nicht vollständig verstanden und werden derzeit von Wissenschaftlern erforscht.

Die Bedeutung von Gerüchen für die Kommunikation und Abwehr

Gerüche spielen eine wichtige Rolle in der Kommunikation und Abwehr von Blumen.

Blumen verwenden eine Vielzahl von chemischen Verbindungen, um miteinander zu kommunizieren und sich gegen potenzielle Fressfeinde und Krankheitserreger zu verteidigen. Diese Verbindungen können von anderen Blumen, Tieren und sogar von Menschen wahrgenommen werden.

Ein wichtiger Aspekt der Geruchskommunikation von Blumen ist die Anlockung von Bestäubern. Blumen produzieren oft spezifische Duftstoffe, um Insekten, Vögel oder andere Tiere anzulocken, die bei der Bestäubung helfen. Bestimmte Blumenarten produzieren auch spezifische Duftstoffe, um bestimmte Bestäuber anzulocken, beispielsweise bestimmte Arten von Bienen oder Schmetterlingen.

Gerüche können auch von Blumen als Abwehrmechanismus

gegen Fressfeinde eingesetzt werden. Blumen produzieren oft spezifische Duftstoffe, um Schädlinge abzuwehren. Einige dieser Duftstoffe können als Warnung an andere Blumen in der Umgebung dienen, um sie vor der Gefahr zu warnen.

Ein weiterer wichtiger Aspekt der Geruchskommunikation von Blumen ist die Interaktion mit anderen Blumen in der Umgebung. Blumen können chemische Signale abgeben, die die Entwicklung und das Wachstum von Blumen in ihrer Umgebung beeinflussen. Einige Blumenarten können auch spezifische Duftstoffe produzieren, um Konkurrenten in der Umgebung zu hemmen oder sogar zu töten.

Insgesamt sind Gerüche ein wichtiger Bestandteil der Kommunikation und Abwehr von Blumen. Durch die Produktion spezifischer Duftstoffe können Blumen ihre Überlebensfähigkeit verbessern, indem sie Bestäuber anlocken, Schädlinge abwehren oder Konkurrenten hemmen.

Der Geschmackssinn von Blumen

Im Gegensatz zum Lichtsinn haben Blumen keinen Geschmacksinn, wie wir ihn von Tieren kennen. Blumen sind nicht in der Lage, den Geschmack von Nahrungsmitteln oder anderen Substanzen zu erkennen oder darauf zu reagieren.

Allerdings haben Blumen andere Arten von Rezeptoren, die es ihnen ermöglichen, auf chemische Signale in ihrer Umgebung zu reagieren. Zum Beispiel können Blumen chemische Substanzen in der Luft oder im Boden erkennen, die auf die Anwesenheit von Schädlingen oder anderen Stressfaktoren hinweisen, und daraufhin ihre Abwehrmechanismen aktivieren.

Ein Beispiel hierfür sind die Terpene, eine Gruppe von chemischen Verbindungen, die von vielen Blumen produziert werden. Einige Terpene dienen als Abwehrmechanismus gegen Schädlinge, während andere als Signalmoleküle zwischen Blumen wirken und zum Beispiel die Produktion von Abwehrstoffen in benachbarten Blumen auslösen können.

Insgesamt haben Blumen also keine klassischen Sinne wie Tiere, die ihnen ermöglichen würden, ihre Umgebung auf die gleiche Art und Weise wahrzunehmen wie wir. Stattdessen haben sie spezialisierte Mechanismen entwickelt, um auf ihre Umgebung zu reagieren und ihre Überlebensfähigkeit zu erhöhen.

Struktur und Funktion der Geschmacksrezeptoren

Blumen haben keinen klassischen Geschmackssinn wie wir Menschen ihn kennen, da sie keine Mundhöhle oder einen Magen haben.

Stattdessen gibt es in den Zellen von Blumen sogenannte Geschmacksrezeptoren, die für die Wahrnehmung von chemischen Signalen verantwortlich sind. Diese Rezeptoren sind in der Lage, Moleküle aus der Umgebung zu erkennen und darauf zu reagieren.

Die Struktur der Geschmacksrezeptoren von Blumen ist

ähnlich wie die von Geruchsrezeptoren. Sie sind in der Zellmembran eingebettet und bestehen aus Proteinen, die für die Wahrnehmung von spezifischen Molekülen verantwortlich sind. Wenn ein Molekül an den passenden Rezeptor bindet, löst dies eine Reaktion in der Zelle aus, die dann zu einer entsprechenden Reaktion der Blume führen kann.

Die Funktion der Geschmacksrezeptoren von Blumen ist vielfältig. Sie helfen den Blumen zum Beispiel dabei, Nährstoffe aufzunehmen und Toxine zu vermeiden. Blumen können auch auf chemische Signale von anderen Blumen reagieren, um sich vor Fressfeinden zu schützen oder um Konkurrenten auszuschalten. Darüber hinaus können Blumen auf die Anwesenheit von Bestäubern reagieren, indem sie bestimmte Nektare produzieren, die für die Bestäuber attraktiv sind.

Insgesamt tragen die Geschmacksrezeptoren von Blumen dazu bei, dass sie ihre Umgebung wahrnehmen und darauf reagieren können. Die Wahrnehmung von chemischen Signalen ist für Blumen eine wichtige Überlebensstrategie,

die es ihnen ermöglicht, Nahrung aufzunehmen, sich zu
vermehren und sich gegen Schädlinge und Krankheiten zu
verteidigen.

Wie Blumen Geschmack wahrnehmen und verarbeiten

Blumen haben keine Sinnesorgane wie Tiere, um
Geschmack direkt wahrzunehmen. Stattdessen erkennen sie
chemische Signale und reagieren darauf. Die Wahrnehmung
und Verarbeitung von Geschmack bei Blumen hängt von
verschiedenen Faktoren ab, einschließlich der Art der Blume
und der Art der Geschmacksstoffe.

Blumen haben spezielle Rezeptoren auf ihrer Oberfläche,
die auf bestimmte chemische Signale reagieren. Diese
Rezeptoren können auf verschiedene Arten aktiviert
werden, einschließlich durch Kontakt mit Insekten oder
durch die Freisetzung von flüchtigen Substanzen, die von
anderen Blumen ausgeschieden werden.

Sobald diese Rezeptoren aktiviert sind, lösen sie eine

Kaskade von chemischen Reaktionen in der Blume aus, die zu verschiedenen physiologischen und biochemischen Veränderungen führen können. Zum Beispiel können sie die Produktion von Abwehrstoffen erhöhen oder die Hormonproduktion beeinflussen.

In einigen Fällen können Blumen auch direkt auf die Anwesenheit von Geschmacksstoffen reagieren, indem sie ihre Wachstumsrate oder ihr Verhalten ändern. Zum Beispiel können sie bestimmte Aromen als Warnsignal erkennen und ihre Wurzeln schneller wachsen lassen, um in sicherere Gebiete zu gelangen.

Insgesamt ist die Wahrnehmung und Verarbeitung von Geschmack bei Blumen ein komplexer Prozess, der noch nicht vollständig verstanden ist. Es gibt jedoch immer mehr Forschung auf diesem Gebiet, um die Mechanismen zu entschlüsseln, die Blumen verwenden, um auf ihre Umgebung zu reagieren.

Bedeutung von Geschmack für die Nahrungsaufnahme und Abwehr

Geschmack spielt eine wichtige Rolle bei der Nahrungsaufnahme und Abwehr von Blumen.

Blumen produzieren eine Vielzahl von Geschmacksstoffen, die von Tieren und Insekten wahrgenommen werden können.

Einige dieser Geschmacksstoffe signalisieren Nahrung und locken Bestäuber oder Tiere an, die Samen oder Früchte verbreiten. Andere Geschmacksstoffe können jedoch als Warnsignal für potenzielle Fressfeinde dienen.

Blumen nutzen Geschmack als eine Möglichkeit, ihre Umgebung zu überwachen und auf Bedrohungen zu reagieren. Wenn sie von Insekten angegriffen werden, können sie Abwehrstoffe produzieren, die bitter oder giftig sind, um sich vor weiteren Angriffen zu schützen. Diese Abwehrstoffe können auch als Signal für andere Blumen dienen, um sie vor potenziellen Bedrohungen zu warnen.

Die Fähigkeit, Geschmack wahrzunehmen und auf

Bedrohungen zu reagieren, ist für das Überleben von Blumen von entscheidender Bedeutung. Blumen, die keine wirksamen Abwehrmechanismen haben, können leicht von Insekten gefressen werden und können somit Schwierigkeiten haben, sich fortzuBlumen und ihre Samen zu verbreiten. Auf der anderen Seite können Blumen, die zu starke Abwehrstoffe produzieren, auch Bestäuber und nützliche Insekten abstoßen und somit Schwierigkeiten haben, sich zu vermehren.

Insgesamt ist Geschmack ein wichtiger Faktor für die Nahrungsaufnahme und Abwehr von Blumen und spielt eine wichtige Rolle in der Wechselwirkung zwischen Blumen und ihrer Umgebung.

Zukünftige Forschungsrichtungen

Die Forschung an Blumen ist ein schnell wachsendes und
sich ständig weiterentwickelndes Gebiet mit vielen offenen
Fragen und unerforschten Möglichkeiten. Im Folgenden
sind einige zukünftige Forschungsrichtungen aufgeführt, die
vielversprechend sind:

1. Blumenphysiologie: Es gibt viele Aspekte der
   Blumenphysiologie, die noch nicht vollständig
   verstanden sind, einschließlich der genauen
   Mechanismen, die Blumen verwenden, um auf ihre
   Umgebung zu reagieren, und der Art und Weise, wie
   sie ihre Energie und Ressourcen verwalten.

2. Genomik und Epigenomik: Die Genom- und
   Epigenomforschung hat in den letzten Jahren
   enorme Fortschritte gemacht und bietet die
   Möglichkeit, die Gene und regulatorischen
   Netzwerke zu identifizieren, die Blumen in die Lage
   versetzen, ihre Funktionen und Eigenschaften zu

steuern.

3. Interaktionsnetzwerke: Blumen leben in einer komplexen Umgebung, in der sie mit anderen Organismen interagieren, wie z.B. Insekten, Pilzen und Bakterien. Die Erforschung dieser Interaktionsnetzwerke kann dazu beitragen, die Art und Weise zu verstehen, wie Blumen mit ihrer Umgebung interagieren und welche Rolle sie in Ökosystemen spielen.

4. Blumengenetische Ressourcen: Die Erforschung der genetischen Ressourcen von Blumen kann dazu beitragen, die Vielfalt und Anpassungsfähigkeit von Blumen zu verstehen und zu nutzen, um Blumen zu entwickeln, die widerstandsfähiger gegen Krankheiten und Umweltstress sind.

Insgesamt bieten die zukünftigen Forschungsrichtungen in der Blumenforschung aufregende Möglichkeiten, unser Verständnis von Blumen und ihre Anwendungen in verschiedenen Bereichen zu erweitern.

Zusammenfassend lässt sich sagen, dass die Forschung über die Sinne von Blumen in den letzten Jahren bedeutende Fortschritte gemacht hat. Es hat sich gezeigt, dass Blumen in der Lage sind, auf komplexe Weise mit ihrer Umwelt zu interagieren und auf verschiedene Reize wie Licht, Geräusche und chemische Signale zu reagieren.

Die Anwendungen dieser Forschung sind vielfältig und haben großes Potenzial.

Die Forschung über die Sinne von Blumen hat auch unser Verständnis von Leben und Intelligenz erweitert und gezeigt, dass Blumen auf komplexe Weise mit ihrer Umwelt interagieren können. Es bleibt abzuwarten, welche weiteren Erkenntnisse in Zukunft gewonnen werden können und welche neuen Anwendungen sich daraus ergeben werden.

Die wichtigsten Erkenntnisse und Schlussfolgerungen

In der Forschung über die Sinne von Blumen wurden viele wichtige Erkenntnisse gewonnen. Blumen sind in der Lage, Gerüche und Geschmäcker wahrzunehmen und auf diese Weise ihre Umgebung wahrzunehmen und zu kommunizieren.

Diese Fähigkeit spielt eine wichtige Rolle in der Abwehr von Schädlingen und der Anziehung von Bestäubern. Die Geruchs- und Geschmacksrezeptoren von Blumen sind ähnlich aufgebaut wie die von Tieren und Menschen, obwohl es Unterschiede in ihrer Funktionsweise gibt.

Insgesamt zeigt die Forschung an Blumen, dass das Leben auf der Erde viel komplexer ist, als wir es uns vorgestellt haben. Blumen sind in der Lage, ihre Umgebung wahrzunehmen und zu kommunizieren, was darauf hindeutet, dass sie in gewisser Weise auch ein Bewusstsein haben. Diese Erkenntnisse können uns dazu bringen, unsere Vorstellungen von Leben und Intelligenz zu überdenken und uns dazu zu bringen, die Welt um uns herum mit neuen Augen zu sehen.

Offene Fragen und zukünftige Forschungsrichtungen

Trotz der Fortschritte in der Forschung über die Sinne von Blumen gibt es noch viele offene Fragen und Bereiche, die weiter erforscht werden müssen.

Einige zukünftige Forschungsrichtungen könnten folgende sein:

Die Identifizierung neuer Geruchs- und Geschmacksrezeptoren und ihre Funktion in der Wahrnehmung von Blumen.

Eine bessere Untersuchung der Signalwege und molekularen Mechanismen, die bei der Verarbeitung von Geruchs- und Geschmackssignalen in Blumen beteiligt sind.

Eine weitere Untersuchung der Rolle von Gerüchen und Geschmäcken bei der Interaktion von Blumen mit anderen Organismen wie Bestäubern,